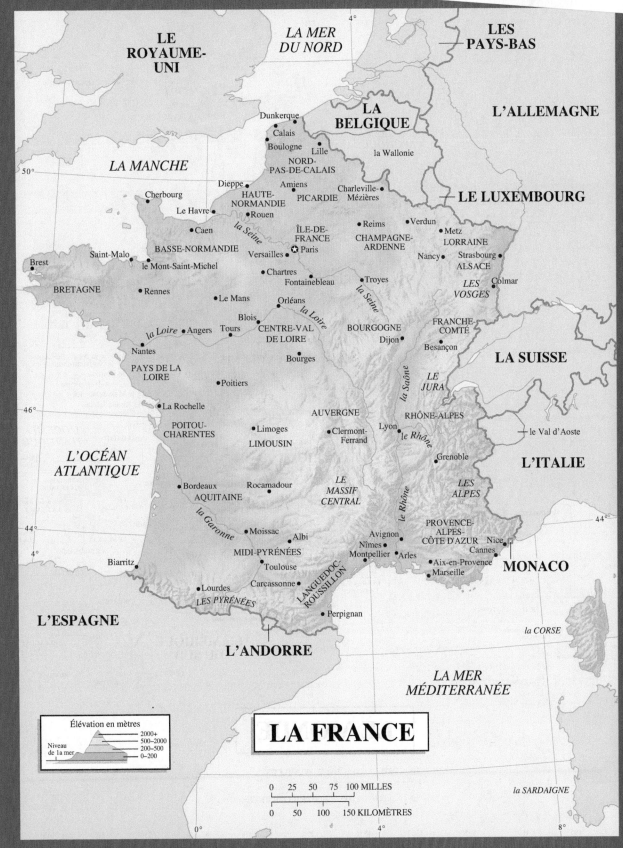

LE ROYAUME-UNI

LA MER DU NORD

LES PAYS-BAS

4°

LA BELGIQUE

L'ALLEMAGNE

Dunkerque
Calais
Boulogne
Lille
la Wallonie

50°

LA MANCHE

NORD-PAS-DE-CALAIS

LE LUXEMBOURG

Cherbourg
Dieppe
Amiens
Charleville-Mézières

HAUTE-NORMANDIE
PICARDIE

Le Havre
Rouen

Reims
Verdun
Metz

Caen

ÎLE-DE-FRANCE
CHAMPAGNE-ARDENNE
LORRAINE
Nancy
Strasbourg
ALSACE

la Seine

Saint-Malo
BASSE-NORMANDIE
Versailles ✪ Paris

Brest
le Mont-Saint-Michel
Chartres
Fontainebleau
Troyes
LES VOSGES
Colmar

BRETAGNE
Rennes
Le Mans
Orléans

la Seine

la Loire
Blois
Tours
CENTRE-VAL DE LOIRE
BOURGOGNE
FRANCHE-COMTÉ

la Loire
Angers

Nantes
Bourges
Dijon
Besançon
LA SUISSE

PAYS DE LA LOIRE
LE JURA

la Saône

Poitiers

46°

La Rochelle
AUVERGNE
RHÔNE-ALPES
le Val d'Aoste

L'OCÉAN ATLANTIQUE
POITOU-CHARENTES
Limoges
Clermont-Ferrand
Lyon
le Rhône

LIMOUSIN
Grenoble
L'ITALIE

Bordeaux
Rocamadour
LE MASSIF CENTRAL
LES ALPES

AQUITAINE
le Rhône

la Garonne

44°

4°
Moissac
Albi
Avignon
PROVENCE-ALPES-CÔTE D'AZUR
Nice
44°

Biarritz
MIDI-PYRÉNÉES
Nîmes
Arles
Cannes

Toulouse
Montpellier
Aix-en-Provence
MONACO

Lourdes
Carcassonne
LANGUEDOC-ROUSSILLON
Marseille

LES PYRÉNÉES

L'ESPAGNE
Perpignan
la CORSE

L'ANDORRE

LA MER MÉDITERRANÉE

Élévation en mètres
2000+
500–2000
Niveau de 1a mer
200–500
0–200

LA FRANCE

0   25   50   75   100 MILLES

0   50   100   150 KILOMÈTRES

la SARDAIGNE

0°
4°
8°

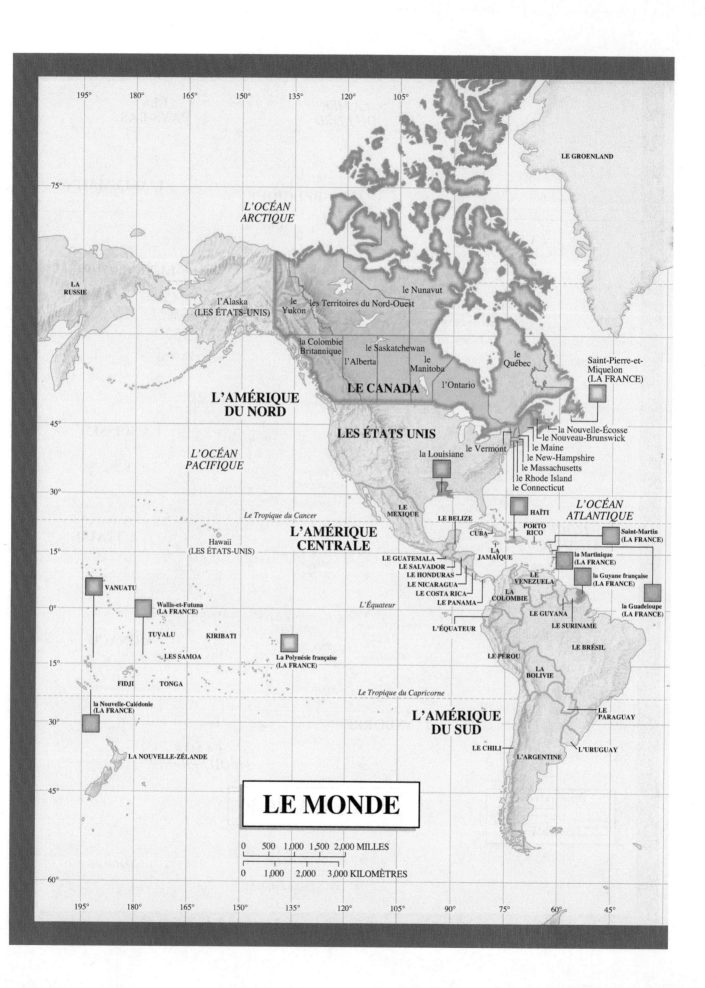

LE GROENLAND

L'OCÉAN
ARCTIQUE

LA
RUSSIE

l'Alaska
(LES ÉTATS-UNIS)

le
Yukon   les Territoires du Nord-Ouest

le Nunavut

la Colombie
Britannique   le Saskatchewan

l'Alberta   le
Manitoba

le Québec

Saint-Pierre-et-
Miquelon
(LA FRANCE)

LE CANADA   l'Ontario

L'AMÉRIQUE
DU NORD

LES ÉTATS UNIS

la Nouvelle-Écosse
le Nouveau-Brunswick
le Maine
le New-Hampshire
le Massachusetts
le Rhode Island
le Connecticut

L'OCÉAN
PACIFIQUE

la Louisiane   le Vermont

HAÏTI

L'OCÉAN
ATLANTIQUE

Le Tropique du Cancer

LE
MEXIQUE   LE BELIZE

CUBA

PORTO
RICO

Saint-Martin
(LA FRANCE)

L'AMÉRIQUE
CENTRALE

Hawaii
(LES ÉTATS-UNIS)

LA
JAMAÏQUE

la Martinique
(LA FRANCE)

LE GUATEMALA
LE SALVADOR
LE HONDURAS
LE NICARAGUA
LE COSTA RICA
LE PANAMA

la Guyane française
(LA FRANCE)

VANUATU

LE
VENEZUELA

LA
COLOMBIE

LE GUYANA

la Guadeloupe
(LA FRANCE)

Wallis-et-Futuna
(LA FRANCE)

L'Équateur

LE SURINAME

L'ÉQUATEUR

TUVALU   KIRIBATI

LES SAMOA

La Polynésie française
(LA FRANCE)

LE BRÉSIL

LE PÉROU

FIDJI   TONGA

LA
BOLIVIE

Le Tropique du Capricorne

la Nouvelle-Calédonie
(LA FRANCE)

L'AMÉRIQUE
DU SUD

LE PARAGUAY

LA NOUVELLE-ZÉLANDE

LE CHILI

L'URUGUAY

L'ARGENTINE

LE MONDE

0   500 1,000 1,500 2,000 MILLES

0   1,000   2,000   3,000 KILOMÈTRES

◄ PREMIÈRES IMPRESSIONS

À quoi pensez-vous quand vous entendez le mot «symbole»? Discutez de cette question avec vos camarades de classe.

🔊 PARTIE 1

Les noms

la capitale *capital*
un endroit *place*
les études *(f. pl.) studies*
une femme au foyer *housewife*
l'île *(f.) island*
un logement *dwelling, housing*
le Maghreb *North African countries*
une mosquée *mosque*
la nationalité *nationality*
l'origine *(f.) origin*
un palais *palace*
un pays *country*
la profession *profession*
le quartier *neighborhood*
la région *region*
la situation familiale *marital status*
une ville *city*

Les verbes

avoir l'air *to seem*
avoir _____ ans *to be _____ years old*
avoir besoin de *to need*
avoir de la chance *to be lucky*
avoir chaud / froid *to be hot / cold*
avoir envie de *to feel like*
avoir faim / soif *to be hungry / thirsty*
avoir hâte de *to look forward to*
avoir honte de *to be ashamed of*
avoir lieu *to take place*
avoir l'occasion de *to have the opportunity to*
avoir peur (de) *to be afraid (of)*
avoir raison / tort (de) *to be right / wrong (to)*
avoir sommeil *to be sleepy*
avoir tendance à *to have the tendency to*
être à l'heure *to be on time*
être en retard *to be late*
être de retour *to be back*
être en train de + infinitif *to be in the process of (doing something)*

dévoiler *to reveal*
enseigner *to teach*
être d'origine (+ nationalité) *to be of (nationality) origin*
faire la connaissance de *to meet*
venir (de) *to come (from)*

Les adjectifs

(pas) approprié(e) *(not) appropriate*
célibataire *single*
discret / discrète *discreet*
indiscret / indiscrète *indiscreet*
marié(e) *married*
ouvert(e) *open*
personnel(le) *personal*
poli(e) / impoli(e) *polite / impolite*
privé(e) *private*
traditionnel(le) *traditional*

Les expressions

à quelques heures de *a few hours from*
Ça dépend. *It depends.*
D'où venez-vous? *Where are you from?*
Qu'est-ce que vous faites dans la vie? *What do you do for a living?*
Vous êtes de quelle région? *Which region are you from?*

Divers

le/la moins / moins *the least / less*
le/la plus / plus *the most / more*

PARTIE 2

Les noms

l'apparence *(f.) appearance*
les bonnes manières *(f. pl.) good manners*
la coiffure *hairstyle*
une fois *time, once*
une rencontre *meeting, encounter*
un sourire *smile*

Les verbes

acheter *to buy*
amener *to bring*
apprendre *to learn*
compléter *to complete*
comprendre *to understand*
donner une bonne / mauvaise image de soi *to give a good / bad impression of oneself*
ennuyer *to bore, to annoy*
envoyer *to send*
espérer *to hope*
essayer *to try*
éviter (de + infinitif) *to avoid (doing something)*
faire (une) bonne / mauvaise impression *to make a good / bad impression*
payer *to pay*
préférer *to prefer*
prendre *to take*
regarder les gens droit dans les yeux *to look people straight in the eyes*
rencontrer *to meet*
répéter *to repeat*
serrer la main *to shake hands*
se tutoyer *to use **tu** with someone*
se vouvoyer *to use **vous** with someone*

Les adjectifs

bavard(e) *chatty*
bien / mal habillé(e) *well / badly dressed*
charmant(e) *charming*
curieux / curieuse *nosy*
ennuyeux / ennuyeuse *boring*
gentil(le) *kind, nice*
intelligent(e) *intelligent*
intéressant(e) *interesting*
méchant(e) *mean*
respectueux / respectueuse *respectful*
sociable *social*
timide *shy*

Les expressions

Il faut + infinitif *It's necessary (to do something)*
Il/Elle me semble + adj. *He/She seems (+ adj.)*
J'ai l'impression (que) *I have the impression (that)*
Je suis persuadé(e) (que) *I am persuaded (that)*

Divers

bien sûr *of course, naturally*
bien sûr que non *of course not, certainly not*
combien de temps *how long*
depuis *for, since*
quand *when*
quelqu'un *someone*
sans doute *most likely, doubtless, probably*
trop *too*

SYNTHÈSE

OUI, JE PEUX!

Look at the following "can-do statement" and rate yourself on how well you think you can perform this task in French. Then, with a partner, carry out the statement by doing the activity. This will allow you to verify your abilities and to see how accurate your self-assessment was.

"I can talk about three events that I think are going to happen or three activities that I will do in the near future. I can also ask a partner about his/her events or activities in the near future and determine whose life is going to be more interesting."

I can perform this function

☐ with ease

☐ with some difficulty

☐ not at all

A Trois événements ou activités

Étape 1. Pensez à trois événements qui peuvent vous arriver ou trois activités que vous pensez faire dans le futur proche.

Modèle: Je vais avoir de la chance de voyager avec trois bons amis en Europe.

Verbes suggérés		
acheter	avoir lieu	être en train de
aller	avoir l'occasion de	faire
avoir de la chance (de)	envoyer	finir
avoir hâte de	essayer	lire
		prendre

Étape 2. ⚡ Parlez de vos événements ou de vos activités de l'Étape 1 avec votre partenaire. Selon vous, qui va avoir une vie plus intéressante? Votre partenaire ou vous?

Étape 3. Avez-vous bien réussi cette activité ou avez-vous eu des difficultés avec cette tâche (task)? Si oui, quelles étaient vos difficultés?

D **Apprendre à mieux vous connaître** La préposition **depuis** et ses variations peuvent être utiles pour apprendre à mieux connaître (*getting to know*) les gens.

Étape 1. Complétez ces phrases avec l'expression qui convient.

1. _____ envoies-tu des courriels à Marie?   **a.** Depuis   **b.** Depuis quand

2. Je voyage en France chaque année _____ 2000.   **a.** depuis   **b.** depuis combien de temps

3. Tu achètes tes livres sur Internet _____ l'année passée?   **a.** depuis   **b.** depuis quand

4. Émilie appelle Paul _____?   **a.** depuis   **b.** depuis quand

5. Nous amenons notre chien ici _____ toujours.   **a.** depuis   **b.** depuis combien de temps

6. _____ paie-t-elle pour Luc par carte de crédit?   **a.** Depuis   **b.** Depuis quand

Étape 2. 🔄 Avec un(e) partenaire, préparez des questions avec **depuis, depuis quand** ou **depuis combien de temps** à poser à votre professeur(e) pour apprendre à mieux le/la connaître.

E **Donner une bonne ou mauvaise image de soi?** Dans beaucoup de cultures, n'oubliez pas que quand on rencontre de nouvelles personnes, s'intéresser à elles et leur poser des questions font une bonne impression en général, mais en même temps poser des questions indiscrètes ou impolies risque de donner une très mauvaise impression de soi.

Étape 1. Faites une liste des questions qui peuvent donner une bonne image de soi et de celles qui risquent de donner une mauvaise image de soi.

Modèle: Depuis quand étudies-tu ici?

     Quelle est ta spécialisation? Depuis combien de temps est-ce que tu étudies ça?

     Est-ce que tu aimes vraiment les profs de cette université?

     Est-ce que tu préfères étudier ou faire la fête?

Étape 2. 🔄 Posez vos questions à un(e) partenaire et essayez de répondre à ses questions si possible. Si vous trouvez une question impolie ou pas logique, n'y répondez pas. Vous pouvez dire **Je ne réponds pas,** par exemple.

F **Boîte à suggestions** Quelles suggestions voudriez-vous donner aux gens indiqués pour votre cours de français? Notez vos trois idées à l'impératif pour chaque personne dans la grille suivante.

Modèle: à votre professeur(e)

     Amenez tout le monde au café un jour, s'il vous plaît.

	1	2	3
à un(e) camarade de classe			
à votre professeur(e)			
à un(e) étudiant(e) et à vous-même			

A **Une bonne ou une mauvaise impression?** Terminez ces phrases et indiquez si ces actions donnent probablement une bonne ou une mauvaise impression de ces étudiants, à votre avis.

	une bonne impression	une mauvaise impression
1. Carla _____ ses fournitures scolaires à prix réduit *(reduced)*.	☐	☐
a. achètes **b.** achète		
2. Marc et Simon _____ aller au cinéma qu'étudier.	☐	☐
a. préfèrent **b.** préférons		
3. Justine et Fanny _____ leur mère tous les jours.	☐	☐
a. appellent **b.** appelez		
4. Loïc et moi, nous _____ toujours en liquide *(cash)*.	☐	☐
a. payons **b.** paie		
5. Rachid _____ un nouvel ami chez ses parents.	☐	☐
a. amenez **b.** amène		

B **Premières impressions** Complétez les phrases avec la forme du verbe qui convient. Quelles sont vos premières impressions de ces étudiants?

Paul…

1. Mon ami et moi, nous ne _____ (ennuyer / prendre) pas souvent de pizza.

2. Mes amis _____ (espérer / payer) réussir à l'école.

3. J' _____ (envoyer / essayer) toujours de faire de mon mieux à l'université.

4. Je _____ (compléter / préférer) toujours les exercices avant le cours.

Christine…

5. J'_____ (envoyer / amener) des textos en cours.

6. Ma sœur et moi, n' _____ (acheter / ennuyer) pas toujours nos livres.

7. Mes amis _____ (répéter / prendre) toujours les mêmes erreurs.

8. Je n(e) _____ (apprendre / payer) pas toujours le loyer *(rent)*.

C **Faire une bonne impression** Formulez une phrase que vous pouvez dire qui fait une bonne impression à la personne indiquée, dans chaque situation suivante. Utilisez les verbes donnés ou d'autres que vous connaissez.

compléter	essayer	appeler	acheter	prendre	aimer	écouter
amener	ennuyer	préférer	voyager	finir	perdre	???

Modèle: quand vous rencontrez votre colocataire pour la première fois

Je préfère étudier pendant la semaine et aller au cinéma le week-end.

1. quand vous rencontrez des camarades de classe au premier cours de français

2. quand vous parlez pour la première fois avec un nouveau professeur

3. quand vous sortez *(go out)* pour la première fois avec quelqu'un

4. quand vous vous présentez à vos futurs collègues de travail

TO THE STUDENT

Encore: The Film

Claire Gagner, a graduate student in psychology at McGill University, has inherited a large sum of money after learning the truth about her French family roots. But unknown persons are at work to make sure Claire does not keep her inheritance. Who are these people and what are their motives?

And who is this mysterious man, André, who suddenly comes into her life? Is he there to help her or does he have ties to these unknown persons? What happens to Claire and what she learns about the people around her will keep you watching to the very end.

Cast of Characters

CLAIRE
Graduate student in psychology and hotel receptionist at *l'Hôtel Delta* who has inherited a family fortune

ABIA
Claire's best friend and co-worker at *l'Hôtel Delta*

SIMONE
Claire's mother

ANDRÉ
Guest at *l'Hôtel Delta* who looks like a man that Claire knew

ROBERT
Hotel manager of *l'Hôtel Delta* and Claire and Abia's supervisor

MONSIEUR SIMARD
Claire's lawyer

Student Textbook/eBook

The student textbook/eBook contains the information and activities that you need for in-class use and self-study. The book contains 10 core chapters plus a preliminary chapter. Each core chapter contains three **parties.** The first two **parties** are divided into a vocabulary section and a grammar section with presentations; explanations; listening, speaking, and writing activities; and cultural information. The third **partie** consists of an updated culture section with longer cultural texts and a grammar section. Following the third grammar lesson in each chapter is a two-page film spread devoted to helping you understand and work with the film *Encore*. **Oui, je peux!** statements and activities in the **Synthèse** section near the end of

each chapter allow you to assess your ability to put language learned to expressive use. The updated **Un pas vers la lecture** and the **Un pas vers l'écriture** sections give you the opportunity to develop your reading and writing skills, critical-thinking abilities, and oral proficiency in French as well as deepen your (inter)cultural knowledge of the French-speaking world to become better global citizens.

Many activities and side-bar features (such as **Coin culturel** and **Encore une mélodie**) in each chapter prompt you to go online to the program's **MindTap** component where you can share your reactions to what you have read and discussed with your classmates or engage in brief information-gathering tasks online. Each chapter ends with a French-English vocabulary list of the chapter's

Bienvenue! Welcome to the second edition of *Encore*! You are joining an ever-growing, nationwide community of students and instructors, who, in the first edition, have found that *Encore* is a great intermediate-level program for continuing those steps toward proficiency in French and expanding (inter)cultural competence by learning about the fascinating cultures of France and the Francophone world. Now that you've completed your journey in beginning-level French, you are ready to take your French skills to new heights with *Encore*!

Encore is an exciting intermediate-level French program that uses an engaging mystery film of the same title to help you to continue to learn about and appreciate the richness and beauty of the French language and explore the fascinating and diverse cultures of France and the French-speaking world. The film *Encore* is a first-rate movie that was filmed on location in Quebec and France starring famous actors such as actress and director Mylène Savoie (known for her films *Exode*, and *Tar and Tea*, her tribute to Quentin Tarantino); actor Guillaume Dolmans (known for his international Heineken commercial *The Date*, and his roles in *Coeur océan* and *Road to Roland-Garros*), and actress Johanne-Marie Tremblay (from the Oscar-winning film *Les invasions barbares*). For *Liaisons* viewers who have been anxious to know what new adventures await Claire Gagner, *Encore* will satisfy your curiosity! For those new to the story, we are anxious for you to discover the world of *Encore*!

The program *Encore* will help you solidify the vocabulary and grammar you learned in your beginning-level French courses while, at the same time, help you develop the language skills needed to become intermediate-level users of French. We designed *Encore* so that the activities first help you understand and develop confidence with new vocabulary and grammar before you produce them. Furthermore, as you continue to learn about the French language, France, and other French-speaking cultures, you will also have many opportunities to get to know your classmates and your instructor better and learn interesting information about them as you engage in the (inter)cultural and language practice activities in this program.

As you know, *Encore* means *again* in English. The *Encore* program provides many opportunities for you to experience again those aspects of the French language and French and Francophone cultures that intrigue us. *Encore* allows you to revisit some of what you have already encountered and appreciated in the French language classroom but, more importantly, goes on to guide you to new discoveries about the richness of the French language and its captivating cultures as you continue your journey to become global citizens of the world. We hope that *Encore* will stimulate you and your classmates to explore **encore et encore** (*over and over again*) more fully the French language and its fascinating cultures while at the same time allow you to get to know each other and your own cultures better. As you continue to develop this intercultural competence, you will gain even greater cultural self-awareness, expand more deeply your understanding of the human existence, and grow your global citizenship even more by viewing the world from new perspectives.

Wynne Wong
Stacey Weber-Fève
Anne Lair
Bill VanPatten

SCOPE and SEQUENCE

SCOPE and SEQUENCE

CHAPITRE 4 L'IDENTITÉ

OBJECTIFS COMMUNICATIFS	VOCABULAIRE ET CULTURE	GRAMMAIRE	LES CULTURES FRANCOPHONES	LECTURE ET ÉCRITURE
Identify and analyze what makes up cultural and personal identities Express desires and make suggestions	Défense de l'identité culturelle **134** L'identité personnelle **142** *Vocabulaire complémentaire* 1 Local foods and vegetation; leisure activities **135** 2 Looks, style **143**	1 Direct object pronouns with the present, the **passé composé**, and commands; the pronoun **en 138** 2 Indirect object pronouns with the present, the **passé composé**, and commands; **146** 3 The conditional: irregular verbs; multiple object pronouns **154**	Jamel Debbouze, humoriste d'identité franco-marocaine **150** Lalla Essaydi, photographe marocaine: L'identité de la femme **152**	*Un pas vers la lecture Ru*, Kim Thúy (excerpt from a novel) **162** Outils de lecture: Identifying point of view **163** *Un pas vers l'écriture* Write a memoir: **Un compte rendu 166**

⁙ MINDTAP *Préparation pour la grammaire*

1 Direct object pronouns: forms; position with present tense—affirmative, negative **138**

2 Indirect object pronouns: forms; position with present tense—affirmative, negative **146**

3 The conditional: regular verbs and stem-changing verbs; Present tense of modal verbs **devoir, vouloir, pouvoir 154**

Le film Encore Séquence 2: *La réunion*, Deuxième projection
Cinematic focus: Characterization and character portraits **158**

CHAPITRE 5 L'AMITIÉ

OBJECTIFS COMMUNICATIFS	VOCABULAIRE ET CULTURE	GRAMMAIRE	LES CULTURES FRANCOPHONES	LECTURE ET ÉCRITURE
Define friendship and summarize its evolution Narrate in the past	Et pour vous, que représente l'amitié? **170** De la camaraderie à l'amitié **178** *Vocabulaire complémentaire* 1 Leisure and recreational activities **171** 2 Friendship, emotions, feelings **179**	1 The passé composé of **courir, rire, suivre, mourir, conduire, savoir, connaître**; time expressions (*pendant, depuis, il y a (que), ça fait que, voilà que*) **174** 2 Adverbs: categories of; position **182** 3 The **imparfait** and the **passé composé 190**	L'amitié franco-québécoise **186** L'amitié entre les nations **188**	*Un pas vers la lecture Une si longue lettre*, Mariama Bâ (excerpt from a novel) **198** Outils de lecture: Using affixes **199** *Un pas vers l'écriture* Write a short letter: **Une lettre personnelle 202**

⁙ MINDTAP *Préparation pour la grammaire*

1 The present tense of **courir, rire, suivre, mourir, conduire, savoir, connaître 174**

2 Formation of adverbs: regular and irregular **182**

3 Formation and uses of the imperfect; words and expressions associated with habitual or reoccurring events commonly used with the **imparfait 190**

Le film Encore Séquence 3: *Un nouveau danger*, Première projection **194**

SCOPE and SEQUENCE

ENCORE Niveau intermédiaire,
Second edition

Wynne Wong, Stacey Weber-Fève, Anne Lair, and Bill VanPatten

Product Director: Marta Lee-Perriard

Senior Product Team Manager: Heather Bradley-Cole

Associate Product Manager: Melody Sorkhabi

Product Assistant: Jelyn Masa

Senior Content Manager: Isabelle Alouane

Senior Marketing Director: Kristen Hurd

Associate Market Development Manager: Jessica Quila

IP Analyst: Christine M. Myaskovsky

Senior IP Project Manager: Betsy Hathaway

Manufacturing Planner: Fola Orekoya

Senior Designer & Cover Designer: Sarah B. Cole

Cover Image: Susy Mezzanotte/SIME/eStock Photo

For product information and technology assistance, contact us at Cengage Customer & Sales Support, 1-800-354-9706, or **support.cengage.com**.

For permission to use material from this text or product, submit all requests online at **cengage.com/permissions**. Further permissions questions can be emailed to **permissionrequest@cengage.com**.

Library of Congress Control Number: PCN on file

Student Edition:
ISBN: 978-0-357-03486-6

MindTap IAC:
ISBN: 978-1-337-90843-6

Loose-Leaf Edition:
ISBN: 978-1-337-91031-6

Annotated Instructor's Edition:
ISBN: 978-1-337-91029-3

Cengage
200 Pier 4 Boulevard
Boston, MA 02210
USA

Cengage is a leading provider of customized learning solutions with employees residing in nearly 40 different countries and sales in more than 125 countries around the world. Find your local representative at **www.cengage.com**.

To learn more about Cengage platforms and services, register or access your online learning solution, or purchase materials for your course, visit **www.cengage.com**.

Printed at CLDPC, USA, 12-20

ENCORE

Niveau intermédiaire

Second edition

WYNNE WONG

THE OHIO STATE UNIVERSITY

STACEY WEBER-FÈVE

IOWA STATE UNIVERSITY

ANNE LAIR

UNIVERSITY OF UTAH

BILL VANPATTEN

MICHIGAN STATE UNIVERSITY

CENGAGE

Australia • Brazil • Canada • Mexico • Singapore • United Kingdom • United States

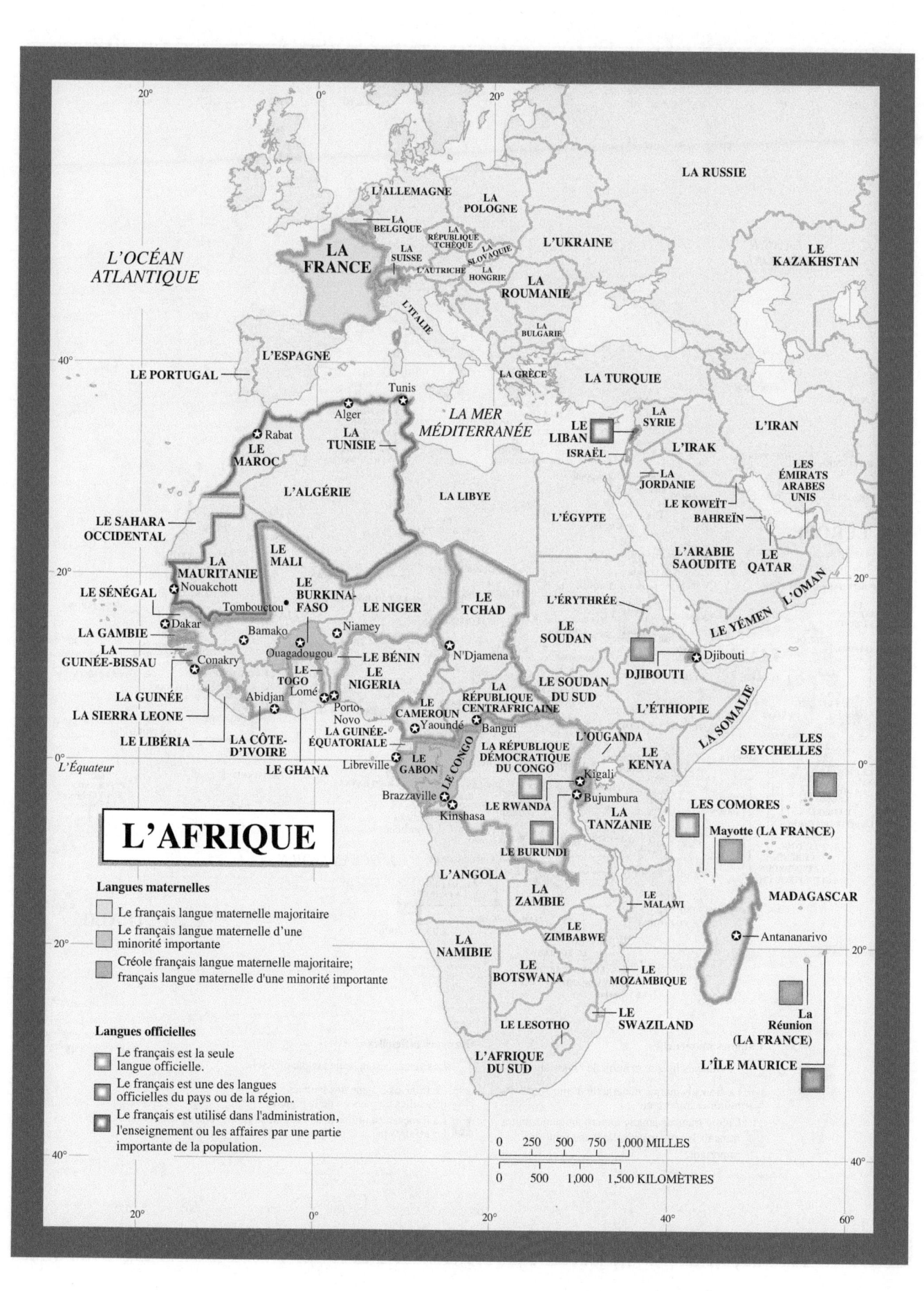

L'AFRIQUE

Langues maternelles

- Le français langue maternelle majoritaire
- Le français langue maternelle d'une minorité importante
- Créole français langue maternelle majoritaire; français langue maternelle d'une minorité importante

Langues officielles

- Le français est la seule langue officielle.
- Le français est une des langues officielles du pays ou de la région.
- Le français est utilisé dans l'administration, l'enseignement ou les affaires par une partie importante de la population.

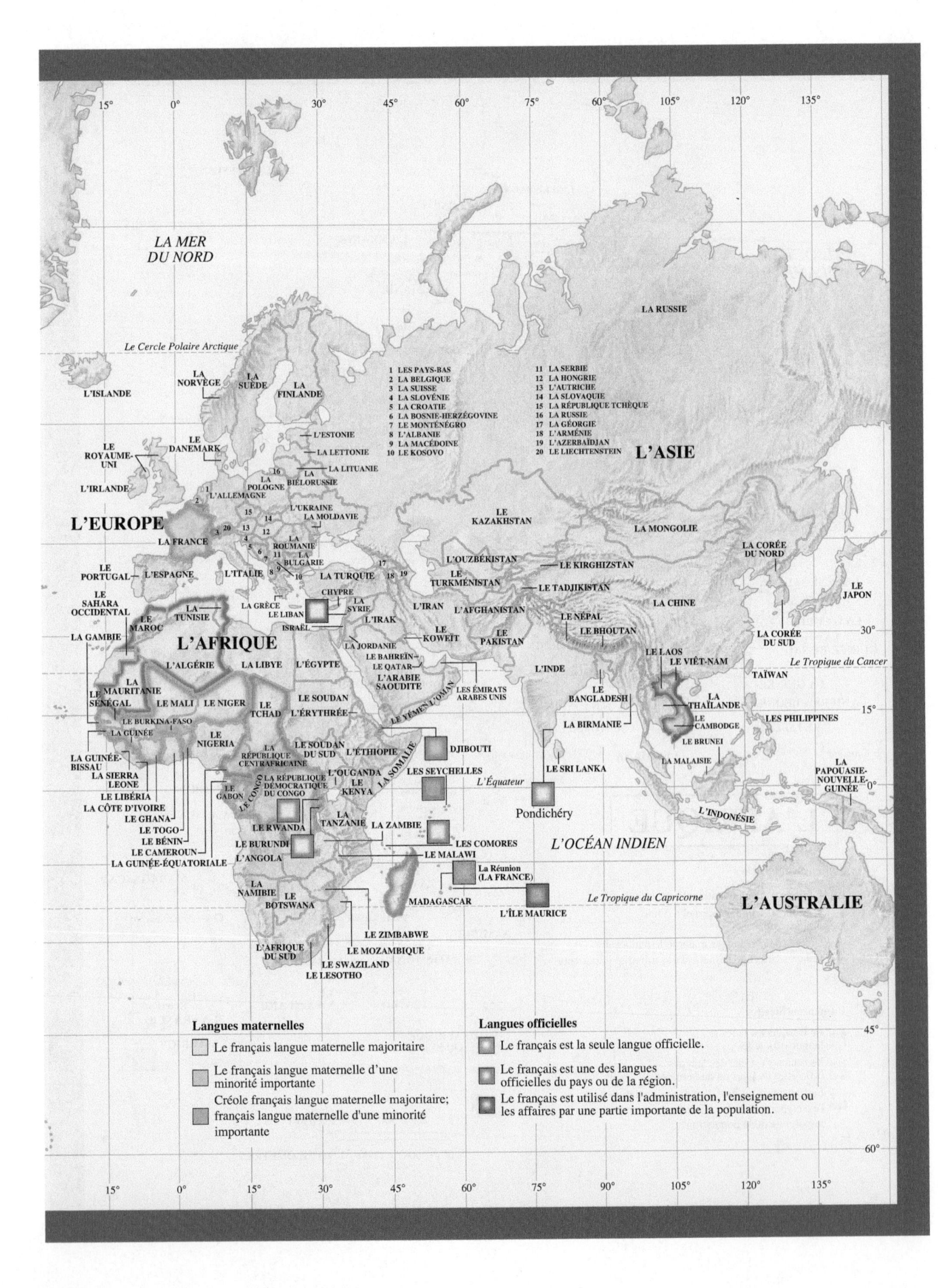

LA MER
DU NORD

Le Cercle Polaire Arctique

LA RUSSIE

L'ASIE

1 LES PAYS-BAS	11 LA SERBIE
2 LA BELGIQUE	12 LA HONGRIE
3 LA SUISSE	13 L'AUTRICHE
4 LA SLOVÉNIE	14 LA SLOVAQUIE
5 LA CROATIE	15 LA RÉPUBLIQUE TCHÈQUE
6 LA BOSNIE-HERZÉGOVINE	16 LA RUSSIE
7 LE MONTÉNÉGRO	17 LA GÉORGIE
8 L'ALBANIE	18 L'ARMÉNIE
9 LA MACÉDOINE	19 L'AZERBAÏDJAN
10 LE KOSOVO	20 LE LIECHTENSTEIN

L'ISLANDE

LA NORVÈGE   LA SUÈDE   LA FINLANDE

LE ROYAUME-UNI   LE DANEMARK   L'ESTONIE
L'IRLANDE   LA LETTONIE   LA LITUANIE
LA POLOGNE   LA BIÉLORUSSIE
L'ALLEMAGNE
L'UKRAINE   LE KAZAKHSTAN   LA MONGOLIE   LA CORÉE DU NORD

L'EUROPE   LA MOLDAVIE
LA FRANCE   LA ROUMANIE
LE PORTUGAL   L'ESPAGNE   LA BULGARIE   LA TURQUIE
L'ITALIE   CHYPRE   L'OUZBÉKISTAN   LE KIRGHIZSTAN   LA CHINE   LE JAPON
LA GRÈCE   LA SYRIE   LE TURKMÉNISTAN   LE TADJIKISTAN   LA CORÉE DU SUD
LE SAHARA OCCIDENTAL   LE LIBAN   L'IRAK   L'IRAN   L'AFGHANISTAN
LE MAROC   LA TUNISIE   ISRAËL   LE NÉPAL   LE BHOUTAN   Le Tropique du Cancer
LA GAMBIE   **L'AFRIQUE**   LA JORDANIE   LE KOWEÏT   LE PAKISTAN
L'ALGÉRIE   LA LIBYE   L'ÉGYPTE   LE BAHREÏN   L'INDE   LA BIRMANIE   TAÏWAN
LA MAURITANIE   LE QATAR   L'ARABIE SAOUDITE   LE BANGLADESH   LA THAÏLANDE   LES PHILIPPINES
LE SÉNÉGAL   LE MALI   LE NIGER   LE TCHAD   LE SOUDAN   LES ÉMIRATS ARABES UNIS   LE LAOS   LE VIÊT-NAM
LE BURKINA-FASO   L'ÉRYTHRÉE   LE YÉMEN   OMAN   LE CAMBODGE   LA PAPOUASIE-NOUVELLE-GUINÉE
LA GUINÉE   LE NIGERIA   LE SOUDAN DU SUD   L'ÉTHIOPIE   DJIBOUTI   LE BRUNEI
LA GUINÉE-BISSAU   LA RÉPUBLIQUE CENTRAFRICAINE   LE SRI LANKA   LA MALAISIE
LA SIERRA LEONE   L'OUGANDA   LA SOMALIE   LES SEYCHELLES   L'Équateur   L'INDONÉSIE
LE LIBÉRIA   LA RÉPUBLIQUE DÉMOCRATIQUE DU CONGO   LE KENYA   Pondichéry
LA CÔTE D'IVOIRE   LE GABON   LE CONGO   LA TANZANIE   LA ZAMBIE
LE GHANA   LE RWANDA   LES COMORES   **L'OCÉAN INDIEN**
LE TOGO   LE BURUNDI   LE MALAWI
LE BÉNIN   L'ANGOLA   La Réunion (LA FRANCE)
LE CAMEROUN   LA NAMIBIE   MADAGASCAR   Le Tropique du Capricorne   **L'AUSTRALIE**
LA GUINÉE-ÉQUATORIALE   LE BOTSWANA   L'ÎLE MAURICE
LE ZIMBABWE
L'AFRIQUE DU SUD   LE MOZAMBIQUE
LE SWAZILAND
LE LESOTHO

Langues maternelles

Le français langue maternelle majoritaire

Le français langue maternelle d'une minorité importante

Créole français langue maternelle majoritaire; français langue maternelle d'une minorité importante

Langues officielles

Le français est la seule langue officielle.

Le français est une des langues officielles du pays ou de la région.

Le français est utilisé dans l'administration, l'enseignement ou les affaires par une partie importante de la population.